LES GRANDS

FÉLINS

LES GRANDS FÉLINS

Mike et Peggy Briggs

L'imprévu

INTRODUCTION

Des félins qui nagent sous l'eau pour capturer leur proie, des félins gros comme des tigres préhistoriques aux dents tranchantes tels des sabres, des félins capables d'attraper des oiseaux en plein vol et de fouler le sable brûlant des déserts : les voici tous, dans leur cadre naturel ; certains sont encore nombreux, d'autres en voie d'extinction. Certains d'entre eux sont vénérés depuis des temps très anciens, d'autres n'ont été découverts que récemment, mais tous ont en commun ce mélange de grâce et de force qui fascine l'observateur – et terrifie l'éventuelle victime.

De tailles et de couleurs variées, les félins ont quasiment tous la même forme et sont immédiatement reconnaissables par leur ressemblance avec notre chat domestique. Ils appartiennent tous à la famille des Felidae, qui se partage elle-même en deux grands genres, puis en diverses espèces à l'intérieur de chaque genre (ces divisions sont très discutées et, selon leurs préférences personnelles, les taxinomistes rassemblent les espèces dans la même catégorie ou les distinguent). Cependant, il est généralement admis que des espèces sont différentes lorsque la progéniture issue de leur croisement est stérile : ainsi lions et tigres peuvent se croiser et donner naissance à des « tigrons », mais ceux-ci sont stériles. Les lions et les tigres appartiennent donc à des espèces différentes.

Ainsi, alors que le guépard est l'unique représentant du genre *Acinonyx,* et la panthère longibande le seul du genre *Neofelis,* le genre des *Panthera* englobe tous les « grands félins » (lion, tigre, jaguar et panthère) et le genre *Felis* regroupe la plupart des autres félins plus petits. D'autres critères permettent de différencier les espèces : les grands félins sont capables de rugir, mais ils ne ronronnent qu'au moment de l'expiration ; les petits félins ont le coussinet du nez en partie dépourvu de poils ; pour manger les grosses proies ils s'allongent à côté d'elles au lieu de s'accroupir ; enfin, quand elles se contractent, leurs pupilles forment des fentes et non des têtes d'épingle.

Beaux, élégants, les félins sont des chasseurs hors pair, qui possèdent toutes les qualités des carnivores : une vue et une ouïe excellentes, des moustaches extrêmement sensibles, des pattes silencieuses, un pelage offrant un camouflage parfait, des dents et des griffes tranchantes, une agilité, un équilibre et une coordination extraordinaires. Pourtant, malgré tous ces atouts, ils doivent souvent rôder des nuits entières et se livrer à plusieurs attaques infructueuses avant de réussir à se nourrir.

Les félins, même les plus petits, n'en sont pas moins des tueurs impressionnants, caractérisés par une indépendance déconcertante et un mépris à l'égard des humains que l'on rencontre rarement chez d'autres animaux sauvages. L'aura qui les entoure explique qu'ils aient été choisis pour représenter des dieux et qu'ils soient à l'origine de nombreuses superstitions.

En Amérique du Sud, par exemple, le culte du dieu jaguar, qui était au centre des croyances mayas, persista bien après le déclin de la civilisation. En Europe, les lions et les panthères figurent souvent sur les blasons et les armoiries, tandis que l'image du tigre est souvent associée au fulgurant développement économique de l'Extrême-Orient. Aujourd'hui encore, la graisse de tigre et de lion a la réputation de guérir de nombreuses maladies et, chez les Swahili du sud de l'Afrique, le lion était (et est peut-être encore aujourd'hui) à l'origine de nombreuses amulettes censées porter bonheur.

Hélas, le lion et ses cousins ne sont pas protégés contre les attaques des hommes. Les félins sont menacés à la fois directement – leur fourrure ou certaines parties de leur corps étant très recherchées – et indirectement, dans la mesure où leur habitat est rogné par l'agriculture et l'industrie, et leurs proies, anéanties ou chassées. Aucun des grands félins n'est en sécurité dans un monde de plus en plus cupide et les défenseurs de l'environnement doivent mener une guerre permanente pour les sauver de l'extinction.

L'avenir des félins serait moins menacé s'ils étaient mieux connus. Puisse ce livre y contribuer en permettant à un plus grand nombre de tomber sous le charme de ces animaux merveilleux.

LES GRANDS FÉLINS D'AFRIQUE ET D'EURASIE

LES LIONS

Le lion, *Panthera leo,* symbole de puissance, de ténacité, d'agressivité et de bravoure est associé depuis longtemps aux activités des hommes aussi bien dans le domaine de la politique que dans celui des arts ou de la mythologie.

Autrefois beaucoup plus répandus, les lions se sont éteints en Europe il y a deux mille ans. Dix sous-espèces vivent aujourd'hui en Afrique et une seule, le lion d'Asie *(Panthera leo persica),* dangereusement menacée, dans la petite réserve de la forêt de Gir en Inde. Au cours des vingt années qui ont précédé 2003, la population des lions d'Afrique a diminué de presque 90 %, passant de 200 000 à un peu plus de 20 000, et selon certains experts, elle serait au bord de l'extinction.

Les safaris et les conflits avec les éleveurs de bétail constituent les principales menaces. De plus, l'extermination des lions est réclamée par les populations victimes d'attaques de plus en plus fréquentes, dans les endroits où les proies traditionnelles se font rares et où les besoins agricoles augmentent. En Tanzanie, par exemple, entre 1990 et 2005, 563 personnes ont été tuées et au moins 308 blessées – augmentation significative par rapport à des périodes analogues. En Éthiopie, 20 personnes ont été tuées en un mois, en 2005.

Le poids moyen d'un mâle adulte est d'environ 190 kg, avec un record de presque 272 kg, enregistré au Kenya. Celui d'une femelle est de 126 kg. La hauteur au garrot est d'environ 1,20 m chez les mâles et 1,10 m chez les femelles. La longueur du corps se situe entre 2,40 et 3,30 m. La queue mesure entre 60 cm et 1 m.

Ci-contre : Une lionne perchée dans les branches d'un arbre. On associe généralement le lion d'Afrique à la plaine ou à la savane, mais il est capable de survivre dans bien d'autres milieux, y compris en bordure des zones désertiques et dans les régions montagneuses et couvertes de forêts. Ainsi, une petite population de lions vit dans les montagnes du Balé, en Éthiopie, à quelque 4 000 m d'altitude. En revanche, le lion est absent des déserts proprement dits ainsi que des forêts tropicales.

Double page précédente : Les lions mâles sont les seuls félins qui possèdent une crinière. Celle de ces deux spécimens commence juste à pousser. Ils sont aussi les seuls à présenter une touffe de poils au bout de la queue. Leur robe, de couleur fauve, présente une teinte plus unie que celle des autres félins.

À gauche : Les lions boivent à intervalles réguliers s'il y a de l'eau à proximité, mais leur nourriture, qui comprend aussi des plantes, suffit à leur hydratation. Dans le désert du Kalahari, par exemple, les lions se régalent du jus du melon tsama, ou melon sauvage.

Ci-dessus : Les lionnes disposées en cercle autour de ce trou d'eau ont vu le jour sur le même territoire et y resteront pour se reproduire. Les lions sont les seuls félins vivant en groupes familiaux – ou clans – comme celui-ci, sans que l'on en connaisse précisément les raisons : mettre en commun leurs talents de chasseurs, protéger plus facilement les petits, chasser les intrus ou s'assurer un minimum de nourriture, même s'il faut la partager.

À gauche : Une lionne transporte son petit par la peau du cou vers une nouvelle cachette. L'un des principaux dangers qui guette les bébés lions est la rencontre d'un mâle en quête d'un clan sur lequel asseoir son autorité. En effet, le nouveau mâle dominant d'un groupe tue tous les petits qui ne sont pas encore sevrés pour assurer la transmission de ses propres gènes. Les lionnes qui perdent leurs petits de cette manière (certaines se battent à mort pour les défendre) s'accoupleront, après quelques semaines, avec le nouveau chef du clan.

Ci-dessus : En faisant semblant de se bagarrer, ces lionceaux s'entraînent à la chasse. Étant donné leur force, les lions risqueraient de se tuer ou de se faire de graves blessures, aussi les membres d'un même groupe se battent-ils rarement pour de bon.

Double page précédente : Une mère s'occupant de son petit. Les petits, qui naissent au bout d'une période de gestation d'environ quatorze semaines, présentent des taches qui s'atténuent en général quand ils grandissent.

Double page précédente : Les petits ont plus de chance de survivre quand les femelles d'un même groupe mettent bas à la même époque et se relaient pour allaiter. La synchronisation des naissances permet d'élever les petits dans des « crèches » comme celle-ci où le groupe entier est mobilisé pour veiller sur plusieurs portées en même temps.

Ci-dessus et à droite : Les mères cachent leurs petits jusqu'à ce qu'ils aient huit semaines. Bien qu'ils marchent quinze jours après leur naissance et qu'ils courent au bout d'un mois, les petits sont encore des proies faciles pour les prédateurs. Leur poids varie entre 1 et 2 kg à la naissance et leurs yeux s'ouvrent au bout d'environ onze jours. Sevrés au bout de sept à dix mois, ils restent dépendants des adultes jusqu'à ce qu'ils aient au moins seize mois.

Ci-contre : Les femelles vivent de quinze à seize ans, soit de cinq à six ans de plus que les mâles. En captivité, les lions vivent environ treize ans. Le plus vieux aurait vécu trente ans.

Double page précédente : Le frottement occupe une grande place dans la vie des lions. Cette femelle se frotte contre la tête d'un jeune mâle (plutôt patient) pour y laisser son odeur. Chez les lions, le frottement des sexes, parfois vigoureux, est un signe de sympathie. Pour marquer leurs liens, les lions, qui ont aussi des glandes à sécrétion odoriférante aux coins de la gueule, se frottent la tête l'une contre l'autre. Moins agréable, pour se témoigner leur amitié, les mâles s'arrosent réciproquement d'urine.

À gauche : Un lion copulera environ 3 000 fois au cours de sa vie. Pendant les périodes de quatre jours au cours desquelles elle est fécondable, une femelle s'accouple plus de deux fois par heure avec les mâles qui obtiennent son consentement, accordé après force échanges de grognements et de coups de patte. Pendant l'accouplement le mâle victorieux mord la nuque de la femelle mais celle-ci demeure immobile après avoir succombé à ses avances.

Ci-dessus : Là où les proies abondent, les lions dorment environ vingt heures par jour et sont actifs en fin d'après-midi et la nuit, moments pendant lesquels on a le plus de chance de les entendre rugir. Les tigres, les panthères et les jaguars rugissent aussi, mais les lions le font plus fort que les autres, et en chœur. Leurs rugissements, qui peuvent être perceptibles à une distance de 8 km, servent à marquer leur territoire, dissuadant les autres lions d'approcher.

Ci-contre : La langue des lions, couverte d'épines, leur sert de peigne quand ils font leur toilette et de racloir pour détacher la viande des os. Après un repas, les lions utilisent parfois aussi l'ergot de leurs pattes avant en guise de cure-dent.

Double page précédente : Les femelles semblent avoir un penchant pour les mâles à crinière sombre, et la science leur donne raison : selon une étude portant sur les mâles adultes, une crinière sombre est un gage de bonne alimentation, de bonne santé, de bon niveau de testostérone et de longévité.
Cependant, quand leur groupe passe sous l'autorité de nouveaux mâles, les femelles ne choisissent pas leur partenaire. Vers l'âge de deux ans et demi, les jeunes mâles sont exclus de leur clan. Après deux à trois ans de vie nomade, ils se regroupent avec un ou plusieurs autres mâles (généralement des frères) et prennent la tête d'une autre troupe. Au bout de deux ans et demi environ, ils seront évincés à nouveau.

Ci-contre : Une lionne à la recherche d'une proie dans un marais. Les femelles participent activement à la chasse, parfois seules, mais le plus souvent en groupe, au sein desquels leur rôle diffère selon le genre de la proie. Une lionne peut, par exemple, se lancer seule à la poursuite d'un phacochère, mais pas d'un buffle.

À gauche : Grâce à leurs dents, les lions peuvent tuer et manger facilement leurs proies. Leurs canines, longues et écartées, se glissent entre les vertèbres cervicales de leurs proies favorites et leur sectionnent la moelle épinière. Les molaires (carnassières) ne hachent pas la viande mais la taillent comme des ciseaux et les lions avalent leur nourriture sans la mâcher.

Ci-dessus : En quelques minutes, ce buffle, attaqué par deux lionnes – une au niveau de la gorge, l'autre au niveau de l'arrière-train –, sera mis à terre. En groupe, les lions tuent un plus grand nombre de proies (avec un taux de réussite de 30 % par chasse) ; en revanche, s'ils chassent seuls, leur taux de réussite n'est que de 17 %, mais leur part de viande est plus importante.

Ci-contre : Le zèbre fait partie des proies de grande taille les plus courantes avec le buffle, l'antilope rouanne, l'hippotrague noir, le springbok, le gemsbok, le kob, l'impala, le phacochère, le waterbuck et le bubale. Les lions mangent aussi des oiseaux, des poissons, des rongeurs, des reptiles, des amphibiens et même des œufs d'autruche. Près du désert de la Côte des Squelettes, en Namibie, une troupe de lions avait coutume d'attaquer les otaries à fourrure du Cap.

Double page suivante : Ce jeune lion occupé à dévorer une antilope rouanne se méfie des intrus, en particulier des hyènes tachetées *(Crocuta crocuta),* seuls prédateurs susceptibles d'attaquer et même de tuer des lions adultes.

À gauche et ci-dessus : Selon des études menées en 1993, il resterait à peine plus de 200 lions d'Asie. La chasse est en partie responsable de leur disparition : dans son journal, un officier anglais notait qu'il avait tué 300 lions, rien que pendant l'année 1857. Depuis 1900, les lions d'Asie, protégés par le vice-roi du Junagadh, ne survivent que dans la réserve de la forêt de Gir, au nord-ouest de l'Inde.
Un peu plus petits que les lions d'Afrique, ils ont une crinière plus courte, des touffes de poils plus épaisses au bout de la queue et aux articulations des pattes avant, et un pli de peau longitudinal sur le ventre. Un mâle adulte *(à gauche)* peut atteindre 160 à 190 kg, une femelle *(ci-dessus)* pèse de 100 à 120 kg. Sa taille maximale est de 2,90 m, en comptant la queue. Les femelles vivent en moyenne de dix-sept à dix-huit ans et les mâles seize ans.

Double page suivante : Le lion représenté sur les pièces de monnaie britanniques est le même que celui auquel on livrait les premiers chrétiens dans le Colisée, à Rome. Il est aujourd'hui éteint. Le lion de Barbarie *(Panthera leo leo),* la plus importante sous-espèce de lion, pesant 225 kg ou plus, vivait dans les forêts de l'Atlas en Afrique du Nord. Le dernier lion de Barbarie sauvage a été tué au Maroc dans les années 1920. Des spécimens présentant les mêmes caractéristiques vivent aujourd'hui dans des zoos.

LES GUÉPARDS

Le guépard *(Acinonyx jubatus)* – le plus rapide des quadrupèdes – doit ses performances à la remarquable souplesse de sa colonne vertébrale, qui lui permet de faire des bonds plus longs et d'avoir une accélération très supérieure à celle des autres félins. En revanche, son endurance est limitée car, dans l'effort, la chaleur de son corps augmente considérablement. Sur 500 m, la hausse de sa température entraînerait sa mort. Quelques poursuites sur un peu plus de 400 m ont cependant été enregistrées.

Les guépards vivent principalement dans les prairies ouvertes et semi-ouvertes situées à l'est et au sud-ouest de l'Afrique. Quelques-uns ont été aperçus en Iran. En Inde, ils ont complètement disparu. Il y en avait autrefois environ 100 000, à l'état sauvage, mais leur nombre se situe aujourd'hui entre 9 000 et 15 000. Les guépards ont toujours été appréciés comme animaux de compagnie et ont encore beaucoup de succès dans les zoos et les réserves naturelles.

Comme la plupart des félins, les guépards se distinguent les uns des autres par la couleur de leur pelage et la forme de leurs taches. Ainsi, le guépard royal, qui a subi une mutation génétique, présente de très grosses taches et le Grand Moghol Jahangir possédait un guépard blanc à taches bleues.

Le guépard a une excellente vue. Dans les réserves naturelles, on peut l'apercevoir dans sa position favorite : perché sur un rocher ou sur un monticule, fouillant du regard la savane pour repérer son prochain repas.

Ci-dessus : Comme la plupart des félins, les guépards sont aveugles à la naissance, mais, dès leur première semaine, ils ouvrent les yeux pour étudier le monde qui les entoure. Comme ils ne pèsent que 250 à 300 g à la naissance, ils devront beaucoup grandir avant de pouvoir s'aventurer hors de leur tanière.

À droite : Une portée de guépards peut compter jusqu'à huit petits, mais la moyenne est de trois à cinq. Le taux de mortalité chez les petits étant de 80 à 90 %, ce bébé guépard est peut-être le dernier de la portée. Grâce à cette sélection sévère l'équilibre entre les espèces est garanti : les cervidés épargnés assureront la nourriture de la génération suivante.

Double page précédente : Ces bébés guépards de trois mois ont peut-être déjà leurs premières dents, mais ils ne mangeront pas de viande avant plusieurs semaines et ne seront complètement sevrés qu'au bout de six mois.

Ci-contre : Même lorsqu'ils boivent les guépards doivent rester vigilants. Quand ils auront entre treize et vingt mois, les petits quitteront le groupe familial.

Double page précédente : Les jeunes guépards ont le dos recouvert d'un long manteau laineux qui leur sert de camouflage dans la savane. Cette crinière, nettement visible sur ces petits de six semaines, tombera vers l'âge de quatre mois et des taches apparaîtront à la place.

Ci-dessus : Les mères doivent déménager les bébés guépards tous les cinq jours environ pour éviter qu'ils ne soient capturés par des lions ou des panthères. Obligées de les laisser seuls pour partir en quête de nourriture, elles attendent prudemment la nuit pour revenir.

À droite : Un conte zoulou explique l'origine des sillons noirs nettement visibles sur le museau du guépard. Un jour, un chasseur paresseux vola une portée de petits guépards pour les dresser à chasser et, ainsi, moins se fatiguer. La mère sanglota pendant un jour et une nuit, jusqu'à ce qu'un indigène l'entende. Elle lui raconta son histoire, il la rapporta aux anciens, et le coupable fut chassé du village. Les petits furent rendus à leur mère, mais les larmes de celle-ci laissèrent une trace qui se transmit de génération en génération.

Double page précédente : Chez beaucoup de félins, la queue joue un rôle dans le maintien de l'équilibre. Celle des guépards, plus longue que la moyenne (80 cm), leur sert de gouvernail quand, lancés à la poursuite d'une proie, ils changent de trajectoire.

Ci-dessus : Grâce à ses longues pattes, à sa colonne vertébrale souple et à son corps élancé, le guépard passe en deux secondes de 0 à 70 km/h. Sur une courte distance, il peut atteindre 95 km/h. Après une poursuite qui dure environ 20 secondes, le guépard est en général tellement épuisé qu'il a besoin d'une demi-heure de repos avant de pouvoir dévorer sa proie ou traîner la carcasse jusqu'à ses petits.

À droite : Les griffes du guépard ne sont pas rétractiles : un avantage lorsqu'il poursuit ses proies à grande vitesse, car les griffes jouent alors le même rôle que les pointes d'un coureur à pied, mais aussi un inconvénient car elles sont en permanence émoussées.

Ci-dessus : Lorsque le guépard royal fut enfin officiellement identifié, on le classa dans une espèce à part : *Acinonyx jubatus rex*. Les dessins caractéristiques de son pelage, mélange de taches et de rayures, permettent de le reconnaître facilement, même si peu de spécimens ont été vus à l'état sauvage. On sait aujourd'hui qu'il ne constitue pas une espèce et que sa fourrure différente est le résultat d'une mutation génétique rare analogue à celle qui a produit la panthère noire et le tigre blanc.

À droite : La présence du guépard royal n'a été attestée que dans un petit nombre de zones proches du Zimbabwe (même si seule une peau est reconnue comme originaire de l'ouest de l'Afrique). Ce félin s'est reproduit avec succès en captivité. Dans certaines portées les deux types de motifs étaient représentés.

Double page suivante : Le guépard mesure la même taille (1,10 à 1,50 m sans compter la queue) que la panthère (ou léopard), l'autre félin d'Afrique à taches, mais leur ressemblance s'arrête là. Avec ses pattes longues et fines, le guépard mesure au garrot 25 cm de plus que le léopard et pèse de 38 à 63 kg de moins.

Ci-dessus : Les Bochimans racontent que le chien sauvage aurait donné ses pattes au guépard pour le remercier de la compassion qu'il lui avait témoignée quand il s'était cassé la jambe lors d'une course de vitesse entre eux. Les pattes des guépards sont en effet différentes de celles des autres félins : les coussinets sont plus durs et présentent des stries, comme les bandes de roulement des pneus.

À gauche : Rien ne vaut un bon étirement pour entretenir la souplesse de la colonne vertébrale. Le guépard a besoin que celle-ci soit en excellent état quand il fait des pointes de vitesse pour rattraper ses proies.

Ci-dessus : Au lieu de bondir sur sa proie, ce guépard se sert de son ergot proéminent pour harponner le malheureux impala. Être un bon chasseur demande des années d'entraînement : les jeunes guépards ne savent pas s'accroupir suffisamment pour se cacher.

À droite : Ne possédant pas des mâchoires aussi puissantes que celles du lion pour briser la nuque de cette gazelle de Thomson, le guépard étouffe sa victime en lui bouchant le nez et la bouche, ou en lui comprimant la gorge. Cette méthode est si efficace qu'elle ne laisse souvent aucune marque.

Double page précédente : Les taches du guépard sont petites et unies tandis que celles du léopard, plus grosses, forment des rosettes plus claires au centre que sur le pourtour.

Double page précédente : Le guépard n'est pas assez fort pour hisser sa proie en haut d'un arbre. Il doit donc la traîner jusqu'au lieu couvert le plus proche et se dépêcher de la manger avant l'arrivée des charognards. Pour éviter les autres gros prédateurs, le guépard chasse souvent aux heures les plus chaudes de la journée, pendant que les lions et les hyènes font la sieste.

À gauche : Le guépard est très élégant mais sa façon de se tenir à table laisse beaucoup à désirer. Ce bébé guépard, le museau tout barbouillé des reliefs de son dîner, ne fait pas exception.

Ci-dessus : En frottant son museau contre celui de sa mère, ce bébé guépard lui montre son affection tout en lui faisant une petite toilette, le dîner terminé.

Ci-contre : Ce guépard va devoir avaler tout rond son dîner avant que les vautours avertissent les lions et les hyènes qu'il y a de l'impala au menu. Les guépards étant les plus légers des grands félins, ils ne peuvent pas défendre leur proie et en abandonnent environ 12 % aux lions. Ils ne mangent pas les restes des autres prédateurs et partent à la chasse tous les deux ou trois jours.

Double page suivante : Les jeunes guépards quittent leurs parents avant l'âge de deux ans. Pendant à peu près six mois, les frères et sœurs d'une même portée restent groupés, puis ils se dispersent. Parmi cette troupe de guépards qui vit dans le parc national d'Etosha, en Namibie, les femelles en mesure de procréer partiront tenter leur chance et les mâles constitueront leur propre troupe.
Quand il chasse seul, le guépard atteint sa cible dans 70 % des cas, ce qui le place juste derrière le chien sauvage, mais ce taux augmente quand il chasse en groupe.

Ci-contre : Dans le passé, des guépards apprivoisés tenaient lieu d'animaux de compagnie auprès de quelques privilégiés, tandis que d'autres étaient dressés pour la chasse. Au Moyen Âge, ce sport exotique était très prisé par la noblesse européenne et des guépards étaient amenés à cheval sur les terrains de chasse, confortablement installés sur des coussins, derrière leur dresseur. Les adultes, plus faciles à dresser que les petits, étaient capturés grâce à des pièges très élaborés. Pendant son règne, Akbar, empereur moghol des Indes, aurait eu recours à 9 000 guépards pour la chasse, dont un bon nombre dressés par ses soins.

LES PANTHÈRES

Très adaptable, la panthère *(Panthera pardus),* ou léopard, est présente aussi bien en Afrique subsaharienne qu'au Moyen-Orient, en Inde, en Extrême-Orient, dans l'Himalaya, en Chine et dans l'extrême nord-est de la Russie. Elle peut vivre dans n'importe quelle région où les précipitations annuelles sont équivalentes ou supérieures à 50 mm, ou qui bénéficie d'un approvisionnement régulier en eau.

Bien qu'on l'ait chassée pour sa fourrure, pour fabriquer des médicaments ou simplement comme trophée, bien que les fermiers aient rogné son habitat, elle a survécu dans les régions où d'autres grands félins ont disparu. Elle est cependant menacée d'extinction dans de nombreuses régions : 8 sous-espèces sur 20 sont considérées comme étant en danger ou en très grand danger d'extinction par l'UICN (Union internationale pour la conservation de la nature et de ses ressources), et certaines – celle d'Arabie, de l'Amour et d'Anatolie – comme étant en voie d'extinction. La population subsaharienne, estimée à 714 000 panthères, est stable, en revanche celle d'Asie, victime des braconniers, diminue de manière dramatique.

La taille des mâles peut aller jusqu'à 50 % de plus que celle des femelles. La longueur totale maximale, relevée au Rwanda, est de 2,92 m et le poids record, relevé en Afrique du Sud, est de 91 kg.

La panthère longibande (*Neofelis nebulosa*) vit dans les forêts tropicales primaires d'Asie. Menacée par la chasse illégale, elle l'est encore bien plus par la déforestation. C'est le plus petit des grands félins, les adultes ne pèsent que 20 kg.

Menacée d'extinction, l'once ou panthère des neiges *(Panthera uncia)* ne subsiste plus que dans les montagnes d'Asie centrale et dans l'Himalaya. Dans la nature, il en reste entre 4 500 et 7 300. Les mâles mesurent au maximum 2,30 m et leur poids n'excède pas 55 kg.

Ci-contre : La panthère a une excellente vue, en particulier quand la lumière est faible : elle voit alors six fois mieux qu'un humain. Cette qualité, alliée au fait que son acuité auditive est trois fois meilleure que la nôtre, lui permet de localiser facilement ses proies dans les moments où elle préfère chasser, c'est-à-dire entre le crépuscule et l'aube.

Double page suivante : La panthère hisse souvent sa prise, ici une gazelle, en haut d'un arbre pour empêcher que d'autres carnivores ne la lui dérobent. En outre, la viande entreposée dans un arbre se conserve environ quatre fois plus longtemps que celle qui reste sur le sol. Cette opération demande une force extraordinaire, notamment au niveau du cou : on a vu des panthères tirer des jeunes girafes pesant jusqu'à 125 kg – soit deux à trois fois leur poid – et dépassant 5 m de haut.

À gauche : La panthère, le plus petit des quatre grands félins, est exposée aux attaques d'autres animaux comme les hyènes ou même des groupes de chimpanzés. Pour pouvoir dormir en toute sécurité, elle se réfugie dans les arbres.

À droite : Agiles grimpeuses, les panthères, à la différence des chats domestiques, sont capables de descendre des arbres la tête la première, en s'agrippant avec leurs longues griffes rétractiles.

Double page suivante : Pour une panthère, il ne s'agit là que d'un tout petit saut. Seul le lion des montagnes saute plus loin qu'elle. On a vu une panthère sauter de 7 m de haut dans une tranchée pratiquée pour construire une route et rebondir instantanément à 3 m de haut de l'autre côté.

À gauche : En Afrique et en Inde, la saison des amours dure toute l'année pour les léopards avec des pics à la période où naissent leurs proies favorites. En Chine et en Sibérie, en revanche, les accouplements n'ont lieu qu'en janvier et en février. La gestation dure entre 90 et 105 jours.

À droite : Il peut y avoir jusqu'à six petits par portée, mais le nombre le plus courant est deux ou trois. Le taux de survie au cours de la première année étant d'à peine 40 à 50 %, les mères n'ont la plupart du temps à s'occuper que d'un seul petit.

Ci-contre : Ce bébé panthère à l'air tout doux deviendra bientôt un tueur. Les jeunes commencent à tuer des proies de petite taille vers cinq mois et sont capables de se débrouiller tout seuls à un an, mais ils restent en général auprès de leur mère jusqu'à deux ans.

Double page précédente : En les tenant par la peau du cou ou du dos, les mères des petites panthères les changent régulièrement de cachette pour les mettre à l'abri des lions, des hyènes et même des panthères mâles.

À gauche : Malgré la réputation de mangeur d'hommes du tigre, c'est plutôt la panthère qui s'en prendrait aux humains. Étant donné son adaptabilité et la variété de son alimentation, il y a en effet plus de probabilités qu'elle s'approche des habitations, vienne rôder dans les villages et attrape tout ce qu'elle peut : des chiens, du petit bétail, des habitants. En neuf ans, le léopard mangeur d'hommes de Rudraprayag, en Inde, a tué au moins 125 personnes avant d'être abattu en 1926.

Ci-dessus : Au lieu d'attaquer ses victimes à la nuque, la panthère se sert de ses puissantes mâchoires pour leur écraser la gorge et les étouffer.

Ci-contre : Dans le cadre de leur préparation physique à la chasse, cette mère se laisse patiemment escalader par ses petits. Les panthères, remarquables traqueuses, talonnent leur proie avant d'accomplir leur bond final. Patientes, habiles, elles préfèrent serrer de près leur victime plutôt que s'épuiser à la poursuivre.

Ci-contre : Les panthères noires paraissent complètement unies, mais sous certaines lumières on distingue des rosettes d'un noir profond ressortant légèrement sur un fond marron foncé.
La couleur des panthères varie beaucoup selon le milieu dans lequel elles vivent : crème et gris dans les régions de désert, rouille et jaune dans la savane, marron clair dans les forêts pluviales, brun foncé dans les montagnes. Les dessins des taches diffèrent également.

Double page suivante : Noire ou tachetée, la fourrure des panthères fait d'elles une cible de choix pour les braconniers. L'homme est le plus dangereux ennemi de ce félin : au début des années 1960, 50 000 panthères ont été tuées rien qu'en Afrique orientale pour répondre aux demandes du marché de la fourrure.

À gauche : La panthère longibande, protégée dans une grande partie de son aire, pourrait aussi être appelée « panthère-serpent », tant les motifs de son pelage et la forme de sa tête lui donnent des airs de reptile.

Ci-dessus : Dans la jungle, le pelage de la panthère longibande lui permet de se camoufler et d'attaquer par surprise des oiseaux, des primates et des petits mammifères, mais aussi des animaux plus gros comme les porcs épics, les cerfs et les sangliers.

Ci-contre : La panthère longibande ressemble à un grand félin en miniature. En raison de la forme de ses dents, on la classe dans un genre spécifique : elle possède les canines les plus grosses (par rapport à sa taille), avec un grand espace derrière, ce qui lui permet d'arracher de gros morceaux de chair à ses victimes. Ses canines ont aussi le bord arrière très coupant, comme celles des tigres préhistoriques à dents de sabre.

Double page suivante : La panthère longibande peut aller dans l'eau, mais elle est bien plus à l'aise dans les arbres, où son agilité rivalise avec celle du margay d'Amérique du Sud. Elle peut descendre la tête la première le long d'un tronc et même se suspendre la tête en bas, les pattes arrière accrochées à une branche.

Ci-dessus : Les petits des panthères des neiges, nés à la fin du printemps ou au début de l'été, passent leurs premières semaines cachés dans les fentes des rochers.

À droite : La panthère des neiges provoque la colère des rares populations partageant son habitat reculé en tuant les animaux domestiques comme les yacks, les moutons, les chèvres et les chevaux. Jadis, on interdisait aux gardiens de troupeaux népalais de rôtir la viande de crainte que le dieu de la Montagne n'envoie son « chien » (la panthère) pour tuer leurs bêtes. Mais on leur interdisait aussi de tuer la panthère de peur que tous ses « péchés » ne retombent sur eux...

Double page suivante : Grâce à ses courtes pattes avant et à ses longues pattes arrière, la panthère des neiges bondit avec agilité au milieu des rochers. Elle enveloppe sa longue queue autour de sa tête et de son corps pour conserver sa chaleur.

LES CHATS SAUVAGES, LES LYNX

ET AUTRES

CHATS PLUS PETITS

Moins spectaculaires et moins impressionnants que les grands félins, les chats sauvages de plus petite taille sont eux aussi très intéressants. L'un d'eux – le chat sauvage d'Afrique – serait l'ancêtre de nos chats domestiques.

Il existe des félins de petite taille en Europe, en Afrique et en Asie, depuis le chat sauvage d'Europe *(Felis sylvestris sylvestris)*, qui vit dans les bois et les forêts, excepté en Scandinavie, jusqu'au chat d'Iriomote *(Prionailurus bengalensis)*, présent seulement dans la petite île montagneuse d'Iriomote, à l'est de Taïwan. Ce dernier n'a été découvert qu'en 1967.

La zone entre l'Égypte et l'Extrême-Orient est la plus riche, avec le chaus *(Felis chaus)*, très répandu dans la jungle, le chat rouilleux *(F. rubiginosa)* et le chat pêcheur *(F. viverrina)*, ainsi que d'autres qui ne sont pas représentés dans cet ouvrage, comme le robuste chat sauvage du désert *(F. s. ornata)*, le manul ou chat de Pallas *(F. manul)* au corps massif et aux pattes courtes et puissantes, le chat de Bornéo *(F. badia)*, le chat de Mongolie *(F. bieti)*, que l'on rencontre jusqu'à 3 000 m, et l'étrange chat malais à tête plate *(F. planiceps)*, plus proche du vison ou de la loutre.

Dans les déserts du Moyen-Orient vit le chat de Marguerite ou chat des sables *(Felis margarita)*. En Afrique, trois espèces sont représentées : le serval *(Felis serval)*, dans les plaines et les forêts, le chat à pieds noirs *(Felis nigripes)*, dans les broussailles et les zones semi-désertiques du sud, et le chat sauvage d'Afrique *(Felis sylvestris lybica)*, presque partout, sauf dans les forêts tropicales de l'ouest.

À gauche : À part lorsqu'il défend sa proie, le serval n'est pas particulièrement agressif, mais les mâles se livrent parfois à un curieux rituel : les deux rivaux se tiennent face à face, l'un des deux pose ses pattes sur la poitrine de l'autre, qui lui mord les pattes pour qu'il les retire. Souvent l'un des deux abandonne avant que le combat ne devienne plus sérieux.

Ci-dessus : Ce serval envoie des jets d'urine pour marquer son territoire dont l'étendue varie entre 9 et 31 km^2. Les territoires des mâles englobent ceux de deux ou trois femelles, et les rivaux sont mis en garde par l'odeur de l'urine. Le serval vit dans les savanes et à proximité des zones humides. Il mange de petits mammifères : un mâle peut dévorer vingt-huit grenouilles en trois heures.

Double page suivante : Ses longues pattes permettent au serval de voir au-dessus des herbes hautes, mais ses oreilles, qui portent une tache caractéristique en forme d'œil, lui sont encore plus utiles pour localiser une proie. En les orientant pour capter les sons, le serval peut détecter une souris à une distance de 6 m. De la taille d'un berger allemand – 67 cm à 1 m –, il est beaucoup plus léger puisqu'il pèse entre 9 et 18 kg.

À gauche : Malgré leur air paisible, les chats à pieds noirs ont la réputation d'être féroces. Au Botswana, on raconte qu'il est capable d'abattre une girafe. En tout cas, des témoins ont vu un chat à pieds noirs capturer un lièvre du Cap pesant plus de 1,5 kg – le même poids que lui. Le chat à pieds noirs, qui doit son nom aux rayures sombres de ses pattes, est l'un des plus petits chats sauvages. Cette espèce nocturne pèse entre 1 et 2 kg et mesure de 33 à 50 cm.

Ci-dessus : Le chat sauvage d'Afrique serait l'ancêtre de nos chats domestiques. Les dessins et la couleur de son pelage varient, mais on le reconnaît à la teinte marron-rouge de ses oreilles. Ce chat sauvage solitaire se repose pendant les heures les plus chaudes de la journée. Il chasse des rongeurs, des insectes et des oiseaux pour se maintenir à un poids de 4 à 5 kg.

Ci-contre : Le caracal est aussi appelé lynx du désert à cause de son habitat aride. En Asie, les nobles le dressaient pour qu'il les accompagne à la chasse. Rapide, agile et athlétique, il est capable de faire des bonds de plusieurs mètres pour attraper des oiseaux en vol. Il réussit souvent à en abattre deux ou trois d'un seul coup de patte.

À gauche : La femelle du caracal fait son choix parmi les soupirants qui se présentent sur son territoire mais, comme elle n'est pas farouche, les plus petits ou les plus jeunes devront simplement attendre leur tour. Au bout d'environ onze semaines, deux ou trois petits naissent dans un abri bien caché, parfois sous terre si un porc-épic a eu la bonne idée de déménager.

À droite : Le nom de caracal vient du turc « kara kulak », qui signifie « oreille noire ». En raison des touffes de poils qui prolongent ses oreilles, on l'appelle aussi lynx du désert, bien qu'il ne vive pas dans le désert mais dans la savane sèche et les buissons d'acacia. Il est plus petit que le lynx, avec un poids moyen de 13 kg et une hauteur de 40 à 50 cm.

À gauche : Ce chat de Marguerite, ou chat des sables, donne un coup de patte sur la tête d'un serpent pour l'assommer avant de le tuer en lui mordant la nuque. Son pelage, de la même couleur que le sable, fait de ce chat un prédateur nocturne parfaitement adapté à son habitat. Bien que petit – de 1,5 à 3,5 kg –, il a de grandes oreilles qui lui permettent de conserver sa fraîcheur et, sous la plante des pieds, des poils épais qui l'isolent du sable dont la température approche parfois 100 °C.

Ci-dessus : Avec son poids plume – entre 1,1 et 1,6 kg –, le chat rouilleux est l'un des plus petits chats sauvages. Étant donné sa rareté, on connaît peu de chose sur lui si ce n'est qu'en Inde et au Sri Lanka il apparaît après les fortes pluies pour se nourrir de grenouilles et de petits rongeurs.

À gauche et ci-dessus : Avec ses grandes pattes, sa longue queue et son épais pelage, le chat de Temminck, appelé aussi chat doré asiatique, est un animal imposant. Préférant les habitats humides, il prospère dans les forêts de l'est de l'Himalaya et du sud de la Chine et sur l'île de Sumatra.

Double page suivante : Le chat pêcheur se plaît dans tous les habitats situés à proximité de l'eau – rivières, marais, mangrove littorale. Ce robuste chat, qui mesure de 25 à 33 cm au garrot et pèse jusqu'à 11,7 kg, a la réputation d'être un redoutable chasseur. À raison puisqu'un gros mâle en captivité a réussi à s'échapper de sa cage et à tuer une panthère, et que, à Singapour, un chat pêcheur a été abattu alors qu'il enlevait un bébé de quatre mois.

À gauche : Le chat pêcheur, qui porte bien son nom, a des palmures entre les orteils et des griffes protubérantes qui l'aident à capturer les poissons. Il plonge parfois à la poursuite d'une proie ou nage sous l'eau pour attraper par surprise du gibier d'eau avec ses pattes.

Ci-dessus : En raison des motifs qui ornent son pelage, les Chinois donnent au chat marbré le surnom de «petite panthère longibande». Ce prédateur nocturne, qui pèse entre 2 et 6 kg, mesure le tiers de la taille d'une panthère longibande mais possède les mêmes canines supérieures et aurait des liens de parenté avec elle.

Double page précédente : Le chaus, qui est présent sur une vaste aire de répartition, occupe les habitats les plus variés. En Asie centrale, il peut peser jusqu'à 16 kg, mais en Inde il dépasse rarement 9 kg. Ce chasseur nocturne fouille les champs et les marais à la recherche de petits mammifères et d'oiseaux, ou, à défaut, de grenouilles et de serpents. Les Égyptiens dressaient ce bon nageur pour la chasse au gibier d'eau.

Ci-contre : Le chat léopard ou chat du Bengale, reconnaissable à ses taches qui ressemblent à des pièces de monnaie, est une espèce très commune dans le sud de l'Asie. Féroce, comme son nom le laisse entendre, ce petit chat mesure entre 61 et 90 cm et sa couleur varie (du gris terne au roux vif) selon les sites.

Ci-contre : Le chat sauvage d'Europe ne pèse que de 3 à 8 kg, mais à cause de son épais pelage il paraît plus gros que son cousin d'Afrique. Il fréquente les bois, les montagnes et les landes, se nourrissant de tout ce qui se présente : marcassins, lapins, rongeurs, mais aussi poissons, oiseaux et même insectes.

Ci-dessus : Le chat sauvage soigne sa toilette pour garder un beau pelage qui lui tienne chaud l'hiver. Au Moyen Âge, les nobles doublaient leurs manteaux avec sa fourrure. Ses excréments, réduits en poudre et mélangés à d'autres ingrédients, comme de la graisse d'ours ou du jus d'oignons, entraient dans la composition d'une potion censée vaincre la calvitie.

À droite : Le chat sauvage a la réputation d'être très agressif, en particulier quand il défend ses petits. On l'a vu repousser des renards qui rôdaient un peu trop près de sa tanière. Un témoin a même raconté au photographe Geoffrey Kinns, aujourd'hui disparu, avoir vu un chat sauvage sauter sur le dos d'un aigle qui avait enlevé un de ses petits.

À gauche : En mai ou juin, la femelle du lynx d'Eurasie donne naissance à deux ou trois petits pesant environ 300 g. Elle reste auprès d'eux pendant trois à quatre semaines, jusqu'à ce qu'ils marchent. Ils ne sont sevrés qu'au bout de cinq mois.

À droite : Les lynx d'Eurasie, amateurs de grands cervidés, font des ravages dans les troupeaux de rennes semi-domestiques de Scandinavie. Tandis qu'en Finlande chaque renne tué donne droit au versement d'une indemnité, en Suède, où les pertes par an sont de l'ordre de 20 000 à 40 000 têtes, l'association locale d'éleveurs de rennes reçoit une allocation forfaitaire pour chaque famille de lynx présente sur sa zone de pâturage. Dans le folklore scandinave, ce chat sauvage tirait le chariot de Freya, déesse de l'Amour et de la Beauté.

Double page suivante : Le lynx d'Eurasie mesure le double du lynx du Canada et du lynx pardelle *(Felis pardina)* qui vit en Espagne et au Portugal. Comme ses cousins, il possède une queue courte et des oreilles prolongées par une touffe de poils. Le mâle pèse 21,6 kg et la femelle 3 kg de moins.

À gauche : Ce tigre du parc national de Baudhaugar, en Inde, se fait les griffes en grattant les troncs d'arbres. La hauteur des griffures permet d'évaluer la taille du tigre. Ces traces, comme les jets d'urine, les fèces et les sécrétions odoriférantes, sont des signes par lesquels l'animal marque son territoire.

À droite : Malgré les apparences, les dessins de la face (surtout au-dessus des yeux) ne sont pas symétriques. Ils permettent d'identifier facilement chaque animal.

Double page suivante : De sa grosse patte, ce tigre frappe son propre reflet. Le tigre a une silhouette massive, avec un corps long et musclé, des membres puissants et une queue qui mesure moins de la moitié de son corps. Ses couleurs varient de l'orange légèrement roux à l'ocre jaune, et au blanc crème pour le poitrail, le ventre, l'intérieur des membres, la gorge, le museau, les sourcils et les moustaches. Les rayures, grises ou noires, présentent une infinité de motifs.
Les tigres mâles pèsent de 180 à 260 kg et les femelles de 130 à 160 kg. Ils mesurent entre 1,90 m et 3,30 m de long, sans la queue, qui peut atteindre 1,10 m. Leur hauteur moyenne au garrot est de 1,15 m.

Ci-dessus : Comme ce tigre de Sibérie, tous les tigres aiment se baigner et barboter dans l'eau.

À droite : Autrefois, ce spécimen de taille moyenne aurait dû être «étiré» par les chasseurs de tigre. En effet, au temps de l'empire des Indes, les personnages importants qui chassaient le tigre devaient obligatoirement tuer des monstres de 3,30 m ou plus. De tels animaux étant très rares, on étirait fortement aux deux bouts les victimes de taille moyenne, puis on les mesurait avec un mètre à ruban qui épousait tous les contours du corps. On raconte qu'un mètre spécial, aux mesures truquées d'au moins 10 %, était réservé aux vice-rois.

Double page précédente : En Mandchourie et en Sibérie, durant l'hiver, les tigres se couvrent d'une épaisse fourrure et leur ventre et leurs flancs sont enveloppés d'une couche de graisse de 5 cm.

À gauche : Le tigre de Sibérie, d'une taille aussi imposante que le tigre préhistorique à dents de sabre, est le plus gros de tous les carnivores. Le record de poids est détenu par un mâle de 465 kg.

À droite : Bien qu'il ait été pourchassé comme tous ceux de son espèce, le tigre de Sibérie a réussi à échapper aux chasseurs de gros gibier comme le maharadjah de Surguja qui admettait dans les années 1960 n'avoir tué «que 1 150» tigres du Bengale au cours de sa vie de chasseur, entamée à 10 ans et achevée quand il fut trop faible pour porter un fusil.

Double page précédente : Les tigres mangent des cervidés, des sangliers, des porcs sauvages, des gaurs et des buffles, des ours, du petit bétail, des jeunes éléphants et, parfois, des hommes. En Sibérie, ils se nourrissent de loups, de lynx, de blaireaux et de chiens. Un tigre de 250 kg peut tuer et traîner un gaur de 1 t. On a vu des tigres de Sibérie engloutir 50 kg de viande d'une traite, mais, en Inde, la moyenne se situe entre 15 et 18 kg.

Ci-dessus : Lourd, le tigre ne peut pas faire des bonds aussi longs que le couguar ou la panthère. Il traque donc sa proie jusqu'à ce qu'il soit à 10 ou 20 m d'elle, puis fonce dessus, lui perfore la nuque avec ses dents et la renverse sur le sol avec ses pattes avant. Si les vertèbres de sa victime ne sont pas cassées, il la saisit à la gorge et l'étouffe entre ses mâchoires.

À droite : Bien que son odorat soit moins bon que sa vue ou son ouïe, le tigre est capable d'identifier certaines odeurs. Comme d'autres félins, il retrousse le museau et tire la langue pour que l'organe de Jacobson, un organe du goût situé dans le palais, lui transmette des informations complémentaires.

Ci-contre : Ce tigre de Sibérie fait une grande toilette après s'être rassasié. En Sibérie, certains chasseurs pensent que le tigre imite le brame de la femelle wapiti en chaleur pour attirer les cerfs mâles et les tuer.

À gauche : Ce tigre du Bengale qui se lèche d'avance les babines doit se donner beaucoup de mal pour se procurer de la nourriture. En effet, les proies contre-attaquent fréquemment : un cochon sauvage a déjà tué un tigre et il arrive que des gaurs parviennent à le fuir. Les attaques des tigres ne sont couronnées de succès qu'une fois sur vingt.

Ci-dessus : Un bébé tigre tête sa mère. Les portées se composent généralement de deux ou trois petits qui ouvrent les yeux au bout d'une semaine, commencent à manger de la viande à huit semaines et sont sevrés à cinq ou six mois. La mère conduit les petits hors de leur tanière quand ils ont environ deux mois, sans les transporter dans sa gueule comme le font la plupart des félins. La moitié seulement des petits deviennent indépendants et trois cinquièmes d'entre eux ne parviennent pas à se faire un territoire ni à se reproduire. Les accouplements ont lieu toute l'année et la gestation dure environ 102 jours.

Ci-contre : Ce ne sont pas des spécimens comme celui-ci, en pleine santé, qui s'attaquent aux humains, mais plutôt des animaux vieux, blessés ou malades. Les tigres mangeurs d'hommes, cependant assez répandus sur l'aire de répartition de l'espèce, sont assez rares en Mandchourie et en Sibérie. En Inde, chaque année, une quarantaine de personnes sont tuées, la plupart du temps dans les endroits où l'animal, chassé de son habitat, est en manque de proies, ainsi que dans des zones protégées grignotées par des plantations illégales. En 1902, quand les tigres étaient plus nombreux et répartis sur un plus vaste habitat, 1 046 personnes avaient été tuées. La plupart des attaques plus récentes ont eu lieu dans les marécages des Sunderbans, le long du golfe du Bengale. Dans cette région, les bûcherons portent un masque peint à l'arrière de la tête pour tromper les tigres, qui attaquent en général par-derrière.

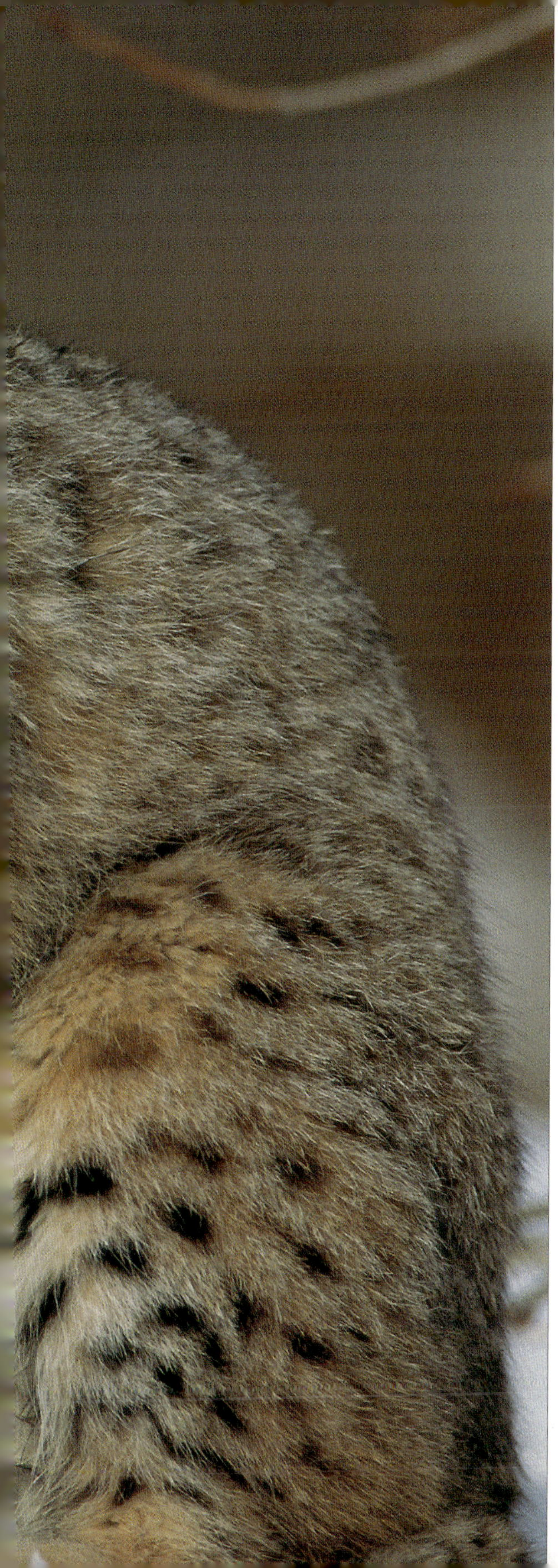

LES LYNX DU CANADA

ET

LES LYNX ROUX

Le lynx roux *(Felis rufus)* et le lynx du Canada ou loup-cervier *(F. canadensis)* sont des espèces très proches, qui occupent le même habitat et mènent la même existence solitaire.

Le lynx roux, un peu plus petit, est présent de la frontière sud du Canada jusqu'au Mexique, d'une côte à l'autre. Il se plaît dans les habitats les plus divers – semi-déserts, marais, forêt, bois – et même à proximité des habitations.

L'aire de répartition du lynx du Canada comprend les forêts de l'Alaska et du Canada, et les États américains du Montana, de l'Idaho et de Washington. On le rencontre aussi dans les régions boisées de l'État de New York, du Maine, de l'Oregon, du Wyoming et du Colorado. Il chasse surtout pendant le jour, contrairement au lynx roux, actif à l'aube et au crépuscule.

Là où leurs territoires se chevauchent, le lynx roux, plus agressif, chasse son cousin pourtant plus gros. Mais le lynx du Canada est ausi connu pour être un prédateur du lynx roux. Il prend sa revanche dans les zones recouvertes d'une épaisse couche de neige, car grâce à son pelage d'hiver, qui se développe même sur ses pattes, il s'enfonce deux fois moins dans la neige que le lynx roux. C'est la raison pour laquelle on ne rencontre pas de lynx roux au-delà de 3 600 m.

Ni l'un ni l'autre ne sont menacés d'extinction (sauf le lynx du Canada au Nouveau-Brunswick) et on peut les chasser tous les deux à condition de respecter certains quotas (le lynx roux étant le plus chassé de tous les félins).

À gauche : Qui a osé prétendre que les chats n'aimaient pas l'eau ? Le lynx roux est si gourmand de poissons qu'il se tient à demi immergé dans l'eau, prêt à attraper d'un leste coup de patte le premier qui, sans se méfier, passera près de lui.

Ci-dessus : La plupart des félins se servent de leur queue pour garder l'équilibre quand ils grimpent dans les arbres. Le lynx roux, malgré sa courte queue (11 à 20 cm), a le pied sûr quand il se déplace au-dessus du sol.

Page précédente : Le lynx roux fait souvent sa toilette, moins par coquetterie que par mesure de prudence vis-à-vis des éléments. Sa belle fourrure, qui attire aujourd'hui encore les chasseurs, doit être maintenue en parfait état pour conserver son imperméabilité.

Ci-contre : Le lynx roux, qui mesure de 45 à 60 cm à l'épaule et au maximum 95 cm de long, est plus petit que le lynx du Canada. Le poids des mâles ne dépasse pas 14 kg. Sa taille varie selon sa situation : ceux qui vivent dans le nord de son aire ou dans des lieux découverts sont généralement plus gros que ceux qui vivent dans le sud ou dans des zones forestières.

Ci-contre : La discrétion et la patience sont les premières qualités d'un bon chasseur. Avec la vitesse et l'habileté en plus, on obtient une formidable machine à tuer. Le temps est compté pour ce lièvre d'Amérique, arraché à sa cachette sous la neige par un lynx roux.

À gauche : Aveugles à la naissance et sans défense, les petits lynx du Canada restent dans leur tanière jusqu'à un mois et ne sont complètement sevrés qu'au bout de cinq mois. La taille des portées varie, mais quand la nourriture est abondante il peut y avoir jusqu'à huit petits par an.

Ci-dessus : En grandissant, les petits accompagnent leur mère à la chasse. Les lynx adultes chassent seuls, mais pendant la période d'apprentissage la mère et les petits se déplacent en file. La vie de famille continue dans l'harmonie jusqu'à la saison des amours et l'arrivée de futurs prétendants qui chasseront les jeunes.

Double page suivante : Le lynx du Canada se distingue du lynx roux par la touffe de poils noirs à l'extrémité de sa queue. Les poils roux du reste de son pelage sont blancs au bout, comme s'ils étaient givrés : d'où son nom, dérivé du mot grec *lunx,* qui signifie «briller».

Ci-dessus : Ce lynx du Canada aplatit les oreilles et montre les dents pour avertir les intrus qu'ils n'ont pas intérêt à s'approcher davantage.

À droite : Le nombre de lynx du Canada varie en fonction du nombre de lièvres d'Amérique – base de son alimentation – présents sur son habitat. Les registres de la Hudson Bay Company, spécialisée au XIXe siècle dans le commerce de la fourrure de lynx, montrent que le nombre de peaux de lynx oscillait entre 36 000, la meilleure année, et 2 000, la plus mauvaise.
Adultes, les lynx du Canada peuvent atteindre 1,10 m de long et peser jusqu'à 18 kg. La durée moyenne de vie est d'environ quinze ans chez les deux sexes.

LES PUMAS
ET LES
PANTHÈRES DE FLORIDE

L'aire de répartition du puma *(Felis concolor)* – connu aussi sous le nom de lion des montagnes ou couguar – s'étend depuis le Territoire du Yukon, au Canada, jusqu'à l'extrémité sud de l'Amérique du Sud, et depuis les côtes jusqu'aux pics enneigés. Il est présent dans tous les habitats susceptibles de lui procurer un abri et de la nourriture : forêt, prairies ou marais. Il peut se réfugier temporairement dans une grotte ou au milieu des rochers, mais en général il préfère parcourir son territoire, qui peut être immense : celui de certains mâles couvre jusqu'à 1 300 km^2.

Les mâles adultes (jusqu'à 40 % plus gros que les femelles) peuvent atteindre 76 cm au garrot, pour une longueur de 2,40 m et un poids de 102 kg. La queue, épaisse, peut mesurer jusqu'à 82 cm chez les mâles. Selon certaines légendes locales, elle aurait le pouvoir de déchaîner les vagues et de faire lever la tempête sur les Grands Lacs, mais elle permet en fait à l'animal de garder l'équilibre quand il accomplit ses sauts prodigieux. Grâce à la longueur et à la robustesse de ses pattes, il peut faire des bonds de 12 m.

Le puma de Floride *(F. c. coryi),* l'une des 24 sous-espèces, est le seul félin vivant à l'est du Mississippi. Présent en Floride, dans l'Arkansas et en Louisiane, il est protégé depuis 1958 et classé parmi les espèces en danger depuis 1967. En 1978, des clauses de sauvegarde supplémentaires ont été introduites. Comme les autres félins des montagnes, à l'état sauvage, il vit environ douze ans. Les mâles mesurent jusqu'à 2,10 m de long (queue comprise) et pèsent entre 48 et 67 kg ; les femelles, qui ne dépassent pas 1,80 m de long, pèsent entre 30 et 45 kg.

Double page précédente : Une portée de puma compte en général trois ou quatre petits, parfois six. Pesant entre 220 et 450 g à la naissance, ils grandissent rapidement et deviennent des petites boules débordantes d'énergie.

À gauche : Bien que sevrés au bout de six ou sept semaines, les petits restent avec leur mère jusqu'à deux ans environ. Les plus aventureux quittent la tanière familiale à quinze mois et vivent quelque temps entre compagnons de portée avant de prendre définitivement leur indépendance.

À droite : En Argentine, les gauchos surnommaient le puma *amigo del Christiano* : « l'ami du chrétien ». Une légende raconte que, lors du siège de Buenos Aires par les Indiens, une jeune fille, appelée Maldonada, se perdit en cherchant des racines comestibles. S'étant réfugiée dans une grotte, elle fut acceptée par ses occupants, une lionne des montagnes et ses petits. À la fin du siège, retrouvée et ramenée en ville, Maldonada fut accusée d'être du côté des Indiens et condamnée à être attachée à un arbre puis livrée aux bêtes sauvages. Deux jours et une nuit plus tard, quand les habitants de la ville revinrent pour enterrer ses restes, ils la retrouvèrent indemne, gardée par une lionne des montagnes.

Double page précédente : Les petits commencent à jouer au bout de dix jours, dès qu'ils ouvrent les yeux. À quatre mois, leurs yeux, d'abord bleus, prennent la couleur verte caractéristique des félins.

Ci-contre : Puma concolor signifie « puma d'une seule couleur », mais, à la naissance, les petits ont une fourrure marron, des anneaux à la queue et des taches noires qui s'estompent quand ils grandissent. Arrivés à la moitié de leur croissance, ils n'ont déjà plus de taches.
De nombreuses civilisations précolombiennes vénéraient le puma, pour sa grâce, sa beauté et sa force. Au Nouveau-Mexique, les Indiens de Cochiti élevèrent des sanctuaires en son honneur, et la ville de Cuzco, la capitale de l'Empire inca, était construite selon un plan qui avait, dit-on, la forme d'un puma.

Double page suivante : Tirant profit de tout ce qu'ils peuvent rencontrer dans un milieu difficile, deux jeunes pumas se désaltèrent dans une flaque d'eau entre les rochers.

Ci-dessus : Comme les autres félins, le puma aiguise ses griffes en les raclant sur les troncs d'arbres. Le puma est, avec le lion, le seul félin de couleur unie. Au nord de son aire, son pelage court est d'un gris tirant sur le marron, et plus au sud il est roux. La face, la gorge et le ventre sont plus clairs, le museau est cerné de traits noirs. Les premiers marchands hollandais, pensant que le lion des montagnes était le même que son cousin d'Afrique, furent étonnés que les peaux achetées aux Indiens n'aient jamais de crinières. Les Indiens prétendirent alors que les mâles vivaient loin dans les montagnes et qu'ils étaient trop féroces pour être chassés.

À droite : Les premiers explorateurs ont parfois confondu le hurlement du puma avec celui de la sirène d'un bateau à vapeur. Ce long cri, qui glace le sang, n'est en fait que l'appel adressé par le mâle à la femelle en chaleur. Il est accompagné, de la part des deux sexes, de force vocalises : grondements, miaulements, sifflements et ronronnements. Pour attirer l'attention de leur mère les petits sifflent et celle-ci leur répond en ronronnant.

À gauche : L'épaisse fourrure du puma le protège de la neige et du vent jusqu'à des altitudes pouvant atteindre plus de 4 000 m.

Double page précédente et ci-dessus : Les pumas se nourrissent essentiellement de cerfs (50 par an et par adulte), mais aussi de lapins, d'oiseaux, d'écureuils, de castors, auxquels s'ajoutent quelques grenouilles, des rongeurs, des insectes et même des poissons. Après avoir tué une grosse proie – en lui brisant la nuque avec ses dents –, le puma la traîne en lieu sûr pour la manger. Une fois repu, il enterre les restes pour ses futurs repas. Un orignal ou un caribou assure sa nourriture pour une semaine ou plus, mais, s'il peut se procurer de la viande fraîche, il abandonnera la carcasse. Les petits goûtent pour la première fois de la viande vers six semaines. Leur mère les guide jusqu'à la carcasse puis les raccompagne à leur tanière. Plus tard, les petits chasseront uniquement les animaux que leur mère leur aura fait manger auparavant.

Double page suivante : Comme le guépard, le puma peut courir très vite (jusqu'à 56 km/h) sur une courte distance, mais il manque d'endurance pour poursuivre longtemps sa proie. Si un cerf réussit à échapper à sa première attaque, il a de bonnes chances d'arriver à le distancer.

À gauche : Pour survivre, ce jeune puma de Floride va devoir faire face à de rudes épreuves. Les pumas de Floride, dont le nombre serait descendu à moins de 100, sont l'un des mammifères les plus menacés au monde.

Ci-dessus : Le puma de Floride vit dans des habitats variés, comme les pinèdes, les forêts de bois dur et les zones marécageuses, mais son aire se rétrécit. Menacé par la chasse et la perte de son habitat, le puma de Floride est également victime de nombreux accidents de la route. Pour limiter ce risque, des tunnels ont été construits sur l'une des routes qui traversent le territoire du puma de Floride.

Ci-contre : Ce gros plan d'un puma de Floride met en évidence quelques particularités qui le différencient du puma ou couguar de l'Ouest. Le pelage fauve présente quelques taches blanches sur la tête et les épaules, et l'arc du nez est plus prononcé. Détail qui n'apparaît pas sur cette photo, la queue du puma de Floride, à la différence de celle d'autres sous-espèces, se termine par un angle droit.

LES JAGUARS

ET AUTRES

CHATS SAUVAGES D'AMÉRIQUE DU SUD

On comprend pourquoi le jaguar, cet animal qui inspire un mélange de terreur et d'admiration, a donné son nom à des voitures racées aussi bien qu'à des avions de chasse.

Plus gros félin du continent américain, le jaguar *(Panthera onca)* occupe des habitats variés, forêts, broussailles, déserts et savanes, jamais très éloignés de l'eau. Son aire de répartition s'étend du sud-ouest des États-Unis au nord de l'Argentine. Il vit le plus souvent dans les plaines au-dessous de 1 000 m d'altitude, mais on peut aussi le rencontrer jusqu'à presque 3 800 m d'altitude. Dans le nord des États-Unis, en Uruguay et dans la Pampa argentine, où il vivait jadis, il a aujourd'hui disparu. La forêt tropicale du bassin de l'Amazonie est son lieu de prédilection avec une densité de population de un animal pour 15 km^2.

Sa population, décimée un temps par le commerce des fourrures, semble remonter, même si le jaguar est aujourd'hui pourchassé par les agriculteurs. Elle se situerait entre 15 000 et 23 000 individus.

En Amérique du Sud, le jaguar vit en compagnie d'une quantité de chats sauvages plus petits ayant chacun leurs particularités : l'ocelot, le margay, le jaguarondi, le chat des pampas, le chat des Andes, le chat de Geoffroy, le kodkod. Le chat de Geoffroy, par exemple, est un excellent nageur. Au Chili, des témoins ont vu une femelle de cette espèce effectuer, à la suite, vingt allers et retours d'une rive à l'autre d'une rivière à fort courant de 30 m de large. Son proche parent, le kodkod *(Felis guigna)* d'Argentine et du Chili, reconnaissable à ses grosses pattes, est le plus petit félin du continent américain, avec un poids moyen de 2,2 kg.

Page précédente : Les jaguars attrapent les poissons de la même façon que les chats domestiques : en se tenant à l'affût, puis en leur donnant un coup de patte. Les Indiens croyaient que le jaguar, occupé à guetter sa proie au bord de l'eau, remuait la queue pour attirer les poissons à la surface.

À gauche : Les jaguars ont une journée plus fatigante que la plupart des autres chats car, au lieu d'être exclusivement nocturnes, ils sont actifs parfois jusqu'à quatorze heures par jour.

À droite : Le jaguar, qui vit principalement dans les forêts, est un agile grimpeur qui chasse les singes sur leur propre terrain.

Double page précédente : On peut confondre un jaguar et une panthère dans un zoo, mais pas dans la nature. Si le milieu dans lequel évolue le félin se situe en Amérique, il s'agit forcément d'un jaguar, puisque les panthères ne vivent qu'en Afrique et en Asie. Les motifs de leur pelage se ressemblent, mais, sur le dos et les épaules, ceux du jaguar forment des rosettes avec un point au milieu.

Ci-dessus : La tortue, dont il ouvre habilement la carapace avec les dents, est l'un des mets favoris du jaguar. Il est également friand des œufs de tortue, mais peut se contenter de ceux d'un serpent.

À droite : Appelé «*El Tigre*» dans toute l'Amérique hispanophone, le jaguar est un animal trapu, qui ne possède pas l'élégance de la panthère.

Ci-contre : Proportionnellement à sa taille, la morsure du jaguar est plus redoutable que celle des autres grands félins. Certaines fois, il tue rapidement ses victimes en leur sautant à la gorge, mais il lui arrive aussi de leur perforer le crâne avec ses dents puissantes, ce que ses cousins font rarement.

La taille du jaguar, dont la longueur se situe entre 1,10 et 2,40 m et qui pèse entre 36 et 158 kg, varie énormément selon son habitat. On rencontre les plus gros dans le Chaco, en Argentine, et dans le Mato Grosso, au Brésil ; les plus petits sont ceux d'Amérique centrale.

Ci-dessus : Pendant la saison des amours, les mâles ne passent en général que quatre ou cinq jours avec la femelle, mais on les voit parfois rôder non loin de leur progéniture et participer au ravitaillement des petits.

À droite : Le jaguar est au cœur de nombreuses légendes populaires qui lui prêtent des rôles très différents. Dans certaines, par exemple, il est dit que les jaguars sortaient de la forêt pour venir jouer avec les enfants indiens ; pour les Mayas, au contraire, le jaguar était un dieu puissant et féroce qui, chaque nuit, gardait la route du Soleil pendant son voyage au-dessous de la Terre. Dans la cité de Tikal, au Guatemala, ils bâtirent un vaste temple dédié à leur dieu jaguar, et leurs grands prêtres étaient vêtus de peaux de jaguar. Dans les montagnes du Pérou, les Indiens, qui adoraient aussi cet animal, ont sculpté des têtes de jaguar pour décorer les murs de leurs temples.

À gauche : Il a pu arriver que des jaguars s'attaquent à des hommes. Heureusement, à la différence d'autres grands félins, ils ne semblent pas particulièrement attirés par le goût de cette proie.

Ci-dessus : Les chances de rencontrer des jaguars mélaniques sont plus élevées dans les forêts tropicales denses que dans les habitats découverts. Tantôt noires, tantôt châtain foncé, ces « panthères noires » ont aussi des taches, que l'on distingue lorsque le soleil éclaire directement leur fourrure.

Ci-dessus : Après avoir mis bas, la mère jaguar reste auprès de ses petits, aveugles à la naissance, et les protège farouchement. Six semaines plus tard, ils se risqueront hors de leur tanière, mais ils ne quitteront leur mère qu'à l'âge de deux ans. En général, la femelle attend le départ des jeunes pour mettre en route une nouvelle portée.

À droite : Comme cela s'est produit pour les autres grands félins d'Asie et d'Afrique, la présence de l'homme a eu un gros impact sur la population et la répartition du jaguar. Plus que la chasse – qui continue bien que le jaguar figure depuis les années 1970 sur la liste des espèces menacées –, c'est la destruction de son habitat qui est la cause majeure du déclin de la population du jaguar au cours des dernières années.

À droite : Principalement nocturne, le ravissant ocelot *(Felis pardalis)* passe ses journées à se reposer ou à dormir grâce au confort et à la sécurité que lui offrent les branches des arbres. Le long corps (jusqu'à 1,35 m) de ce mince félin se prolonge par une queue cerclée d'anneaux mesurant entre 28 et 45 cm.

Ci-dessus : Comme beaucoup de félins, l'ocelot attrape les poissons en se servant de sa patte comme d'une écope. Mais les petits mammifères, les oiseaux et les reptiles constituent l'essentiel de son alimentation.

Double page suivante : Parmi les félins de petite taille, l'ocelot est considéré comme l'un des plus beaux. Les motifs de son pelage se détachent nettement sur un fond allant du crème au roux en passant par le fauve, et il n'y en a pas deux identiques. Aujourd'hui protégé, l'ocelot a été chassé quasiment jusqu'à l'extinction pour répondre aux exigences du marché de la fourrure. La confection d'un seul manteau d'ocelot nécessitait le sacrifice de treize de ces superbes animaux. Également pourchassé pour protéger les volailles des fermiers, l'ocelot adulte était souvent tué et ses petits capturés et vendus comme animaux de compagnie.

À gauche : L'une des techniques de chasse de l'ocelot consiste à progresser lentement à couvert, à marquer un arrêt quand il repère sa future proie, puis à traquer sa victime jusqu'à l'instant de l'attaque finale.

À droite : Les félins expriment leurs émotions par leurs postures et par les mouvements de leur face. L'oreille tendue de cet ocelot est révélatrice du trouble ou de la méfiance qu'il éprouve.

Ci-contre : À l'exception des singes ou des écureuils, peu d'animaux sont aussi à leur aise dans les arbres que le margay *(Felis wiedi)*. Cet habitant de la forêt passe plus de temps dans les arbres qu'au sol. En effet, la souplesse de ses chevilles lui permet de redescendre des arbres la tête la première et de se suspendre aux branches par une patte. Ses parties de chasse se déroulent dans les arbres et il déguste sur place les singes, les lézards, les oiseaux et les autres espèces arboricoles qu'il a capturés. Si sa proie quitte les arbres, l'acrobatique margay bondit comme une panthère directement sur sa victime sans même toucher le sol.

À gauche : Le margay peut être confondu avec l'ocelot ou avec le chat-tigre *(Felis tigrina)*, parfois appelé petit chat tacheté. Tous trois présentent en effet à peu près les mêmes motifs, mais, par sa taille, le margay se situe entre les deux, d'où son nom de «petit» ocelot. Malheureusement, on considère néanmoins qu'il est assez gros pour être chassé, pour sa fourrure, même s'il faut quinze peaux pour confectionner un seul manteau.

Ci-dessus : Un bébé margay est en général un enfant unique, les portées comptant rarement plus d'un petit. Avec un poids d'environ 450 g à la naissance, il a à peu près quatre fois la taille d'un chaton domestique.

Double page précédente : La queue du margay, qui contribue pour une grande part à son équilibre, représente à peu près 70% de la longueur totale de son corps et peut atteindre 51 cm chez les plus gros spécimens. Ce félin élancé, qui pèse de 3 à 9 kg et mesure, queue comprise, 46 à 79 cm, s'agrippe aux branches, à la fois avec ses pattes avant et ses pattes arrière, et peut se tenir suspendu par une seule patte, comme un singe.

Ci-contre : Les yeux des félins sont à l'origine de superstitions nombreuses et ceux du margay, immenses, sont parmi les plus inquiétants. Jadis, les Chinois pensaient, non sans raison, que la taille de la pupille changeait selon la position du soleil, et ils lisaient l'heure dans les yeux des chats.

Ci-contre : Très différent, par son apparence, des autres petits félins, le jaguarondi *(Felis yagouaroundi)* a des pupilles arrondies, comme les félins du genre *Panthera*. Son pelage luisant est soit marron clair, soit noir, et les deux couleurs peuvent coexister à l'intérieur d'une même portée. Les jaguarondis, qui pèsent entre 3 et 9 kg et mesurent entre 51 et 77 cm, sans compter la queue, font à peu près la même taille que les margays.

Ci-dessus : Du fait de sa ressemblance avec les mustélidés, le jaguarondi est appelé « chat-belette » par les Allemands et « chat-loutre » par les Mexicains. Comme la plupart des félins, il grimpe dans les arbres, mais, comme il est mince, il peut passer facilement entre les broussailles et chasse surtout au sol.

À droite : Apprivoisé, le jaguarondi peut devenir un agréable animal de compagnie, mais son instinct naturel fait de lui un danger pour les volailles domestiques, même s'il est attaché. En Amérique du Sud, les populations locales s'en servaient pour se débarrasser des rongeurs.

Ci-dessus : Malgré son nom, le chat des pampas *(Felis colocolo)* ne vit pas seulement dans les prairies mais aussi dans les bois et les zones de haute montagne, jusqu'à 5 000 m d'altitude. Ses couleurs varient selon les lieux. Dans les montagnes andines, son pelage est gris argenté avec des rayures et des taches marron rouge, comme celui du chat des Andes *(Felis jacobita),* très rare. À plus basse altitude, il peut être marron jaune, brun-roux, ou même noir. Quelle que soit sa couleur, le chat des pampas présente une crinière dorsale d'environ 7 cm qu'il gonfle quand il est en colère.

À gauche : Le chat des pampas est à peine plus grand qu'un chat domestique, mais il est plus trapu et pèse un peu plus lourd (3 à 4 kg). Sa queue, touffue et cerclée d'anneaux, mesure 30 cm, soit à peu près le tiers de sa longueur totale.

BIBLIOGRAPHIE

Soo-Gil Ahn, *Tigre - Panthera Tigris,* éditions Clair de Lune, Allauch, 2012

Cléa Blanchard et Sylvie Deraime, *Les félins,* Gallimard Jeunesse, Paris, 2015

Steve Bloom, *Les félins*, Milan, Toulouse, 2013

François Moutou et Alain Pons, *Tigre, Le seigneur de la jungle,* Empreintes et Territoires, Paris, 2010

Pascal Picq, *Les Tigres,* Odile Jacob, Paris, 2004

Kevin Richardson, *L'homme qui murmurait à l'oreille des lions,* éditions Unimedica, Ottmarsheim, 2013

Sandrine Silhol, *Le lion de l'Atlas,* éditions d'Orbestier, Saint-Sébastien-sur-Loire, 2009

INDEX

CRÉDITS PHOTOGRAPHIQUES

L'éditeur souhaite remercier Photolibrary.com pour avoir aimablement fourni les photographies de cet ouvrage. Nous souhaitons également remercier les personnes suivantes qui nous ont autorisés à reproduire leurs photographies.

LIONS Bailey, Adrian 8-9, 28-29, 32-33. Cox, Daniel 38. Dani 46. Fischer, Berndt 30, 34-35. Hamblin, Mark 24. Hill, Mike 12-13, 42-43. Hoffman, Barbara, Von/AA 44. Newman, Owen 21. Osolinski, Stan 16, 31. Packwood, Richard, 25, 26-27, 36-37. Powles, Mike 18-19. Rosing, Norbert 10-11, 39. Sandved, Kjell 22-23. Shay, Alistair 14-15. Staebler, Gabriela/OPAKIA 20. Tipling, David 45. Turner, Steve 40-41. Zandbergen, Adriadne Van 17.

GUÉPARDS Bailey, Adrian 56, 60-61. Bartlett, Des & Jen/SAL 80-81. Breed, David 6, 54-55, 72. Cox, Daniel 66-67. Hill, Mike 62. Gallo Images 64, 65. Jackson, Tim 70-71. Nunnington, Bob 52. Osolinski, Stan 48-49, 58, 79. Packwood, Richard 48. Plage, Mary 59. Rosing, Norbert 50-51, 63, 68, 74-75, 76, 77, 82.

PANTHÈRES Bannister, Anthony 100. Carey, Alan & Sandy 111, 112, 116. Cox, Daniel 118. Deeble, M & Stone, V 102-103. Gallo Images 94. Hill, Mike 92, 117. Ifa-Bilderteam 84-85. Norbert, Rosing 88-89, 96. Powles, Mike 101. Turner, Steve, 87, 91, 95, 98-99. Stone, Lynn/AA 114-115. Weimann, Peter/AA 110. Winslow, Robert 105, 107, 108-109. Wothe, Konrad/AA 90.

CHATS SAUVAGES Austermann, Miriam 133. Cox, Daniel 124-125. Dick, Michael 135, 143. Dragesco-Joffre, Alain 120-121, 128, 132. Hamblin, Mark 149. Henry, Philippe 144. Jones. Adam 130. Kenney, Brian 122. Leszczynski, Zig/AA 139. McDonald, Joe 123. Osolinski, Stan 127. Reinhard, Hans/OKAPIA 147. Rosin, Norbert 148. Senanai, Krupakar 104-141. Sewell, Michael 136-137. Stouffier Enterprises/AA 134. Turner, Steve 131. Wothe, Konrad 146, 150. Wright, Belinda 138.

TIGRES A & M Shar/AA 159. Bennett, Bob 6, 165, 169. Carey, Alan & Sandy 156-157, 158, 168, 170. Cox, Daniel 164. Hill, Mike 152, 172. Jorge Sierra, Antinolo 155. Leszczynski, Zig/AA 156-157, 160. Neep, Elliot 173. Powles, Mike 174-175. Satyendra, Tiwari 154, 161, 166-167. Su Keren 162-163.

GRANDS FÉLINS D'AMÉRIQUE Bennett, Bob 181, 214. Carey, Alan & Sandy 196-197, 235. Chelman, John 233. Cole, Ken 218. Colombini, Fabio 230. Cooney, Judd 185. Cox, Daniel 2, 178-179, 180, 184, 188, 190, 193, 194, 198, 199, 200-201, 203, 204-205, 206, 210, 212-213, 215. Fogden, Michael 243. Foster, Carol Farneti 221, 226. Gordon, Nick 224, 232. Kemp, Richard & Julia 253. Kenney, Brian 182, 216-217, 238, 242. Lauber, Lon E 192. Marty Stouffer Prods/AA 187. Michael, Dick 248, 252. OSF 222. Partridge Films Ltd 240-41, 244-5, 250, 251. Pointier, John 234. Rosing, Norbert 231. Rue, Leonard Lee 211. Scheidermeyer, Frank 239. Stone, Lynn 225. Turner, Steve 189, 207. Ulrich, Tom 208-209. Von Hoffmann, Barbara 229. Weimann, Peter 228, 236-237. Wu, Norbert 220.